如诗如画的中国

段张取艺——著绘

中信出版集团 | 北京

图书在版编目（CIP）数据

如诗如画的中国. 杭州 / 段张取艺著绘. -- 北京：
中信出版社, 2022.7（2024.7重印）
ISBN 978-7-5217-4154-4

Ⅰ. ①如… Ⅱ. ①段… Ⅲ. ①中国历史-儿童读物②
杭州-地方史-儿童读物 Ⅳ. ①K209②K295.51-49

中国版本图书馆CIP数据核字(2022)第047590号

如诗如画的中国：杭州

著　　绘：段张取艺
出版发行：中信出版集团股份有限公司
　　　　　（北京市朝阳区东三环北路27号嘉铭中心　邮编　100020）
承　印　者：北京联兴盛业印刷股份有限公司

开　　本：889mm×1194mm　1/12　　印　张：$4\frac{1}{3}$　　字　数：47千字
版　　次：2022年7月第1版　　　　　　印　次：2024年7月第8次印刷
书　　号：ISBN 978-7-5217-4154-4
定　　价：40.00元

出　　品：中信儿童书店
图书策划：小飞马童书
顾　　问：胡妍
审读学者：王进展
策划编辑：赵媛媛　白雪
责任编辑：陈晓丹
营销编辑：胡宇泊
封面设计：刘潇然
内文排版：李艳芝

版权所有·侵权必究
如有印刷、装订问题，本公司负责调换。
服务热线：400-600-8099
投稿邮箱：author@citicpub.com

前言

在人类社会发展演化的过程中，广袤无垠的大地上那些如星火般散落的聚居点逐渐凝聚，这些凝聚的星星点点的聚落又慢慢地发展。就这样，一座一座的城市出现了。城市的形成，宣告了人类文明进入一个新的阶段。

这些星罗棋布的城市宛如大地上的颗颗宝石，美丽又多姿。虽然城市的功能大体相同，但演化出来的面貌却千姿百态：有的开山采石而建，有的伐木和泥而成；有的依山傍水，有的身处大漠；北方的城市自有北方的雄浑，南方的城市也有南方的绮丽……这些人类文明的结晶，演绎着一幕幕动人的故事，也承载了一代代的兴亡传说。

我们要讲述的就是这片土地上一座座城市的故事。我们讲述过人的故事，讲述过王朝的故事，却鲜少讲述城市的故事。我们每一个生活在城市里的人，都与城市朝夕相处，感受着城市的文明繁华，也感受着城市的喧嚣迷离，却很少深入去了解，它的故事究竟是怎样的。

人间天堂在苏杭，西湖水波泛秀色。杭州，远离中原的战火纷争，以大体的和平安宁庇护了在此生养的万千百姓。这座城市成为国家政治中心的时间很短，商业发达、富甲天下的日子却很长。城市中流传的才子佳人的故事令人心生向往，故事里的美景佳地更让人流连忘返。

漫长的时间积淀出了城市无数精彩跌宕的故事。然而，我们叙述的篇幅有限，只能从其中摘选出最为耀眼的篇章，窥一斑而知之。

城市的故事如诗，城市的变化如画。在这片富饶的土地上，在这一座座美丽的城市中，人们辛勤地耕耘，用无穷的智慧雕琢出如诗如画的中国。这就是我们要讲述的城市的故事。

张卓明

2022 年 6 月

杭州有着两千多年的历史，曾作为五代十国吴越及之后南宋的国都。西湖水滋养着这座城市与当地的人们。随着朝代不断地更迭，杭州一步一步发展成了江南繁华与美景的代表之一。

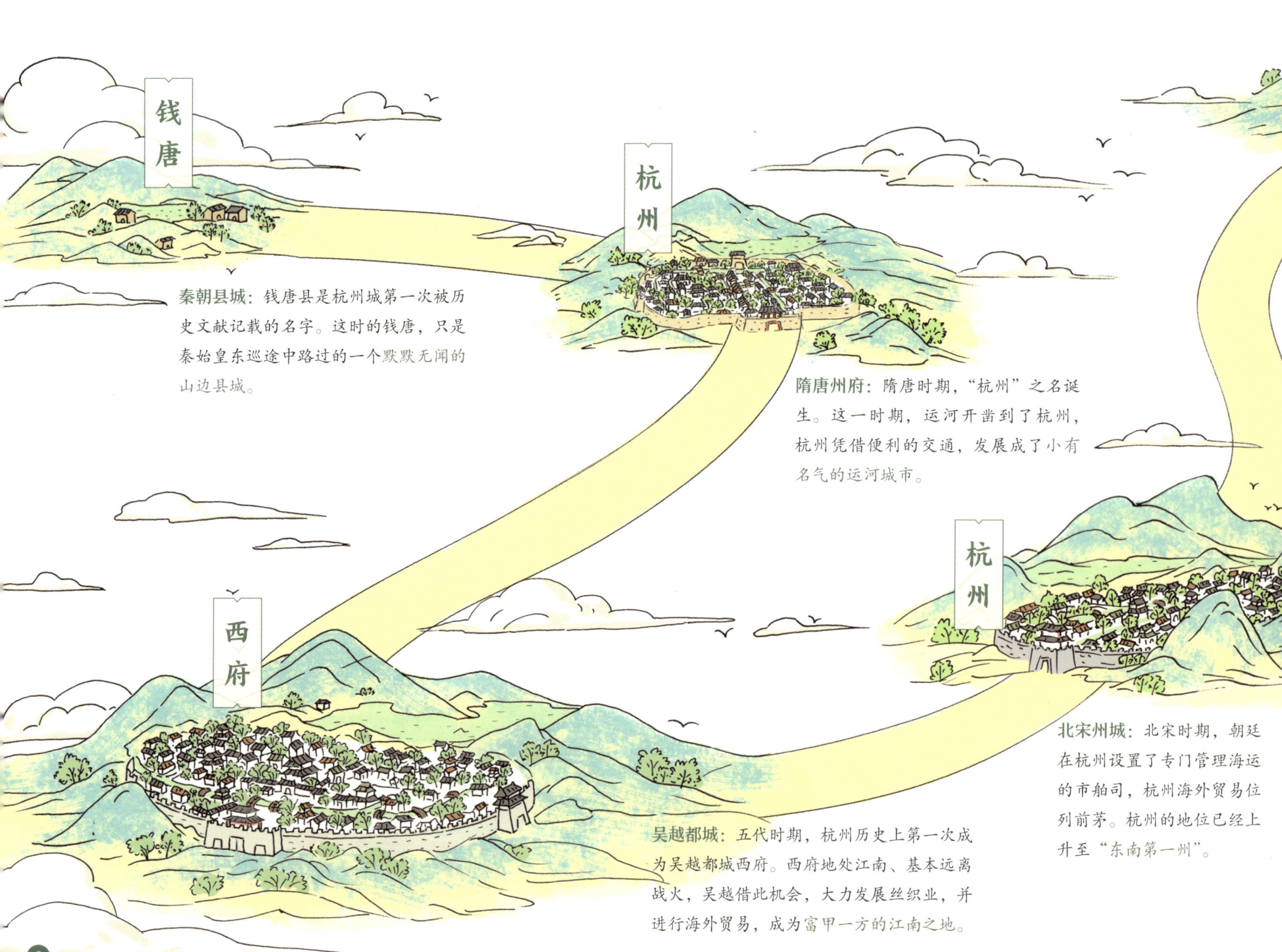

秦朝县城：钱唐县是杭州城第一次被历史文献记载的名字。这时的钱唐，只是秦始皇东巡途中路过的一个默默无闻的山边县城。

隋唐州府：隋唐时期，"杭州"之名诞生。这一时期，运河开凿到了杭州，杭州凭借便利的交通，发展成了小有名气的运河城市。

吴越都城：五代时期，杭州历史上第一次成为吴越都城西府。西府地处江南、基本远离战火，吴越借此机会，大力发展丝织业，并进行海外贸易，成为富甲一方的江南之地。

北宋州城：北宋时期，朝廷在杭州设置了专门管理海运的市舶司，杭州海外贸易位列前茅。杭州的地位已经上升至"东南第一州"。

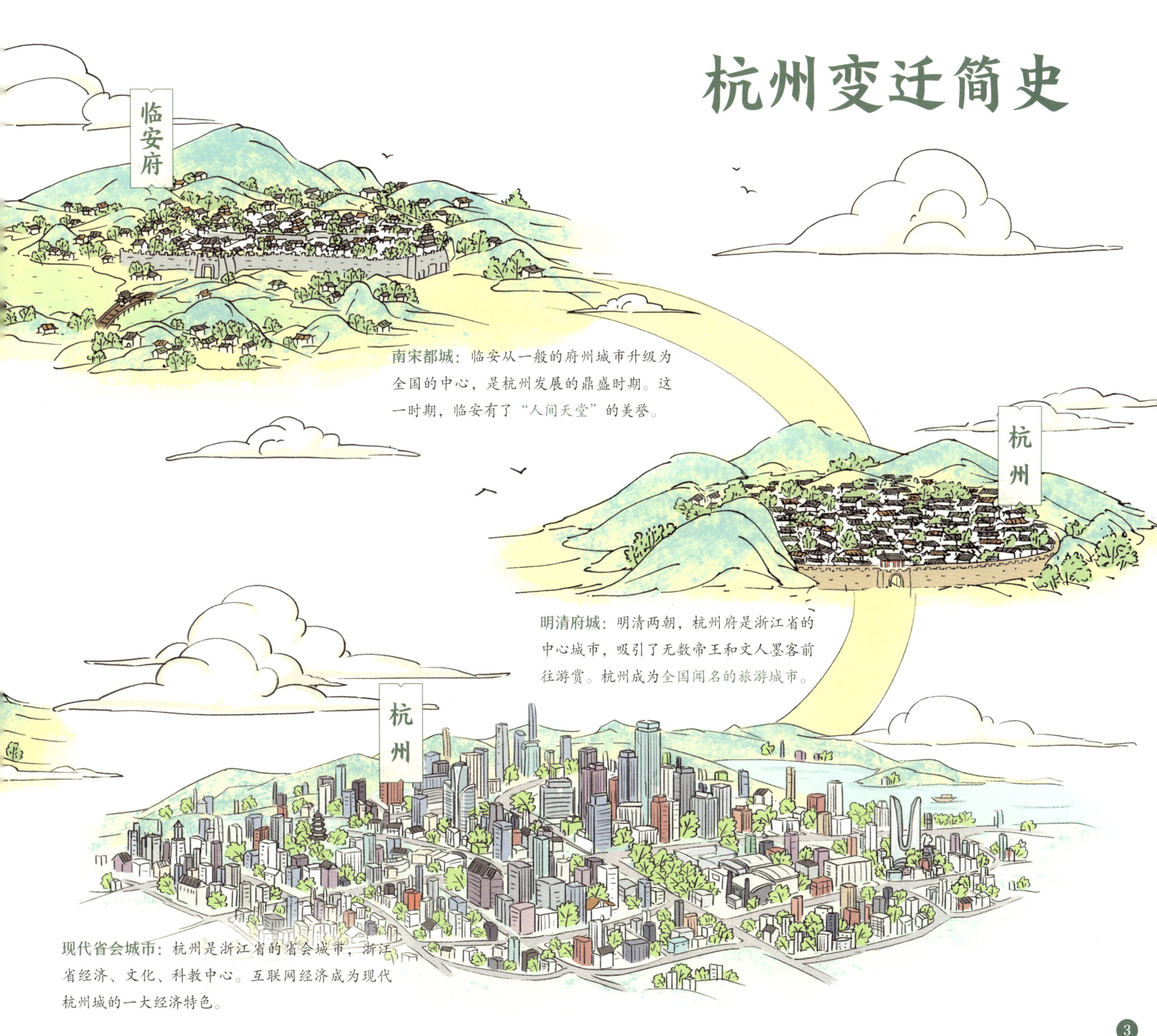

隋唐
杭州

杭州古称钱唐。一开始，钱唐只是一个不起眼的山边小县城，默默地发展着。直至隋朝时设杭州，治所设在钱唐县。一条大运河带来了城市发展的绝好机遇。从此，杭州开始活跃在人们的视野中心。

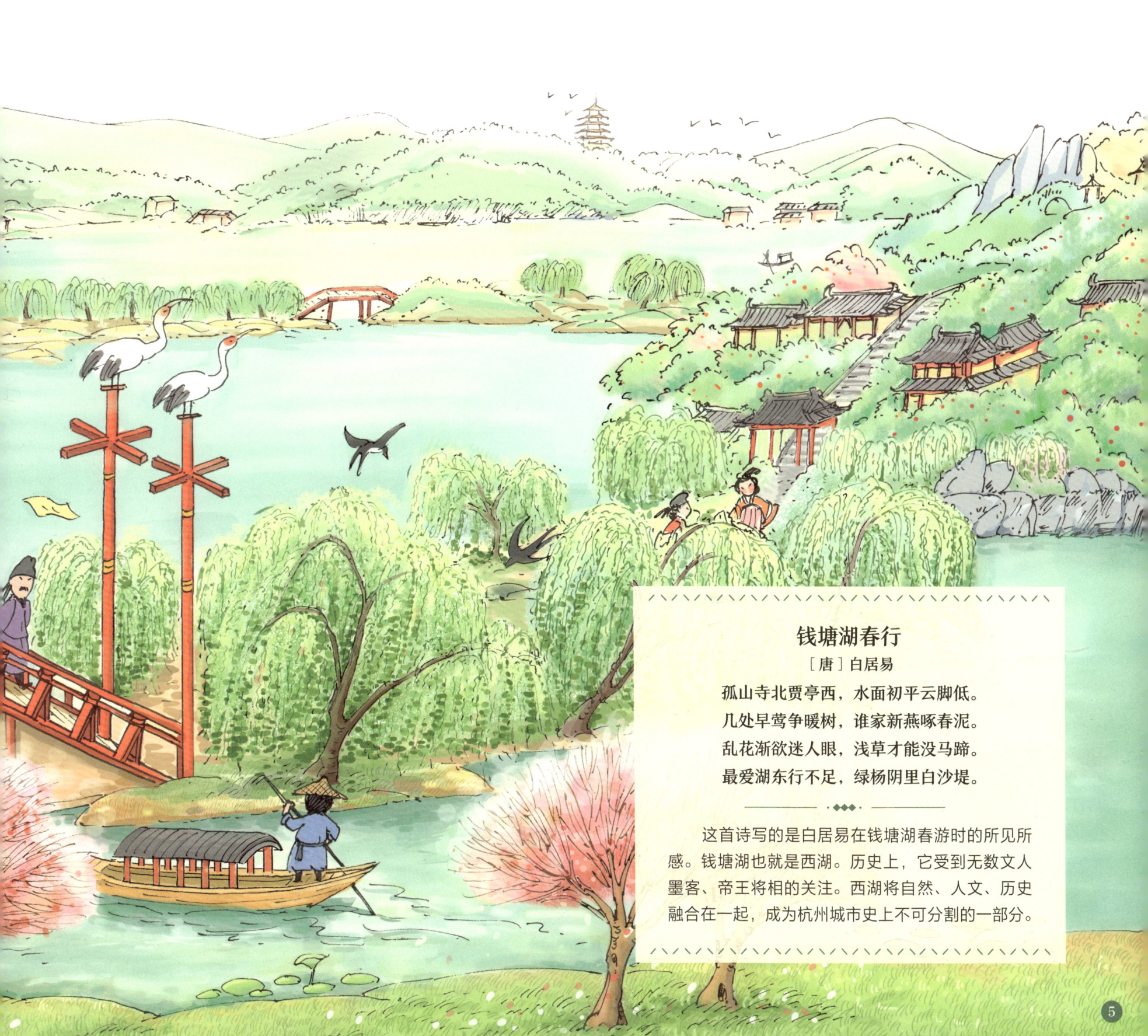

钱塘湖春行

[唐]白居易

孤山寺北贾亭西,水面初平云脚低。
几处早莺争暖树,谁家新燕啄春泥。
乱花渐欲迷人眼,浅草才能没马蹄。
最爱湖东行不足,绿杨阴里白沙堤。

这首诗写的是白居易在钱塘湖春游时的所见所感。钱塘湖也就是西湖。历史上,它受到无数文人墨客、帝王将相的关注。西湖将自然、人文、历史融合在一起,成为杭州城市史上不可分割的一部分。

隋唐以前的杭州

先秦时期，杭州市区所在的杭嘉湖平原还是一片海潮出没的沙洲，这里有着最复杂的水网，交通十分不便。随着秦始皇把这里取名为"钱唐"，这片土地才第一次走进我们的视野。

从钱唐说起

在隋朝"杭州"之名出现以前，"钱唐"是杭州地区最早的名字。公元前 222 年，秦在杭州地域设置钱唐县，隶属于会稽郡。公元前 210 年，秦始皇在巡视全国时路过这里，只见前方一片汪洋，潮水汹涌，他向西走了 120 里。这是钱唐第一次被记载到历史文献上。

历史小百科

关于"钱唐"之名的起源有很多种说法，有说"钱唐"是越地方言的音译，也有说因从前这里流经一条"钱江"而得名。唐朝以后，钱唐改名"钱塘"。

武林山边的小县城

年复一年,随着泥沙的不断沉积,钱唐县的土地面积越来越大。凭借着山川湖泽的便利,这里慢慢地吸引了更多的人,人们依山傍水而居住。渐渐地,小县城的规模变得越来越大。

武林山:环绕在西湖三面的群山,包括灵隐山,天竺山等,所以杭州旧时也叫武林。

历史小百科

东汉时期,华信修筑海塘,把钱唐与大海阻隔开来,就这样,钱塘湖才开始慢慢形成。海塘筑成以后,形成了不少陆地,杭州城的面积更大了。

改了个名字叫杭州

隋朝建立以后，取余杭县之"杭"字，改该县所在的钱唐郡为杭州府。隋朝还开辟了一条贯通南北的运河，将杭州作为运河的南方终点，至此，杭州的命运有了新的转折点。

杨素的贡献

隋朝大臣杨素将州府从武林山迁了出来，在更为广阔的凤凰山下修建了一座新的杭州城。此后，历朝历代的杭州城都以此为基础发展。

凤凰山：位于西湖东南面。

历史小百科

京杭大运河是一条人工开凿的河道，北到北京，南至杭州。中国的天然河流如长江、黄河都是从西向东流，而京杭大运河是一条连接中国南北的河流，对中国南北地区的经济、文化发展与交流做出了巨大贡献。

运河"运"出来的城市

隋朝时，关中地区粮食紧缺，需要从江南调运。朝廷便借助大运河之便，将南方的粮食、丝织品在杭州汇集，装船北上，同时将北方的先进农业技术传播到南方。昼夜不停、来来往往的运船，拉开了杭州繁华的序幕。

历史小百科

"柿蒂绫"是带有柿蒂花纹的丝绸，是唐朝时杭州结合苏州等地丝织工艺研发出的特色产品。白居易曾用"红袖织绫夸柿蒂，青旗沽酒趁梨花"来夸赞杭州女红生产的柿蒂绫。

实力和名气大增

唐朝中期以后，杭州的发展更加迅速。再加上这一时期，困扰城市发展的用水问题得到了解决，因此，杭州顺利地跻身江南各郡前列，有了不小的名气。

李泌：唐朝中期著名官员。

白居易：唐朝著名诗人。

城里挖了六口井

李泌来到杭州担任刺史，他发现杭州的水又咸又苦、难以饮用。于是，他引西湖水造了六口井，有效地解决了百姓的用水难题。

白居易治水

后来，白居易成为杭州刺史。他把李泌开凿的六井疏通，同时修筑堤坝，让西湖的储水量变得更大，同时还引水入运河，灌溉农田，促进了农业的发展。

历史小趣闻

白居易在任时，还自掏腰包，成立了管理西湖的建设基金。

风景宜人的东南名郡

白居易十分重视杭州的绿化。他命人在西湖边栽种柳树、碧桃,使它景色如画,同时为杭州写诗,不断地赞美杭州。

历史小趣闻

白居易为杭州写过两百多首诗歌。他晚年在洛阳城时,也仍然想念千里之外的杭州,留下了"江南忆,最忆是杭州。山寺月中寻桂子,郡亭枕上看潮头。何日更重游?"的名句。

吴越 西府

唐朝末年，中原地区陷入频繁的战乱之中，节度使钱镠建立吴越国，定都杭州，称为西府。这是杭州历史上第一次成为都城，也是杭州发展史上极为重要的一页。

浪淘沙九首（其七）

[唐] 刘禹锡

八月涛声吼地来，头高数丈触山回。
须臾却入海门去，卷起沙堆似雪堆。

自古人们就有在钱塘江观潮的爱好，然而江潮在给人们带来观赏乐趣的同时，也给杭州带来了巨大的生存挑战。在这首诗写成的近百年以后，吴越王钱镠望着汹涌袭来的潮水，决心治理水患，兴修水利，造福沿岸百姓。

乱世当中的和平之地

面对当时纷繁复杂的局势,钱镠十分理智,他不愿称帝,以避免成为众矢之的。但他又抓住中原政权变更的机会,建立起自己的独立王国。在钱镠这样的策略下,吴越成为乱世中难得的安宁之地。

钱镠:吴越国国君。

历史小百科

唐朝灭亡后,中国进入了大分裂时代,北方接连更换了五个朝代,南方和山西还先后存在十个割据政权。它们互相攻占、吞并,导致社会动荡不安。这就是历史上的五代十国时期。

钱镠高超的政治智慧

吴越国面积较小,兵力弱,三面环敌。钱镠采用了实用的策略,无论中原谁称帝,吴越国都向其称臣朝贡。结果,中原王朝更迭五个朝代,吴越国反而相对稳定,也有所发展。

把都城围成"铁桶"

钱镠虽然不愿打仗,却也不忘防御虎视眈眈的邻国。他在内城外又修筑了一道坚固的城墙,严密防守,还在这道城墙内大规模练兵,杭州城被保护得像铁桶一样安全。

城内外的交通要道都有重兵把守。

历史小百科

吴越国的邻国南吴曾想借机吞并它,派人前来刺探消息。但探子听到城墙内整齐的操练声后,认为吞并吴越太难,于是南吴选择了退兵。

造福百姓的水利

在守护领地的同时，钱镠对水利也进行了建设。他修筑捍海塘保护城区，疏浚西湖。杭州百姓的生活和生产得到了保障，同时还能观赏美景，怡然自得。

把潮水拦在外

为了让杭州免受海潮的侵袭，钱镠采用"竹笼木桩法"，修筑了一条海塘拦住潮水。此后数年间，杭州平安无事，沿钱塘江地区也发展起来，建起一座座亭台楼阁。

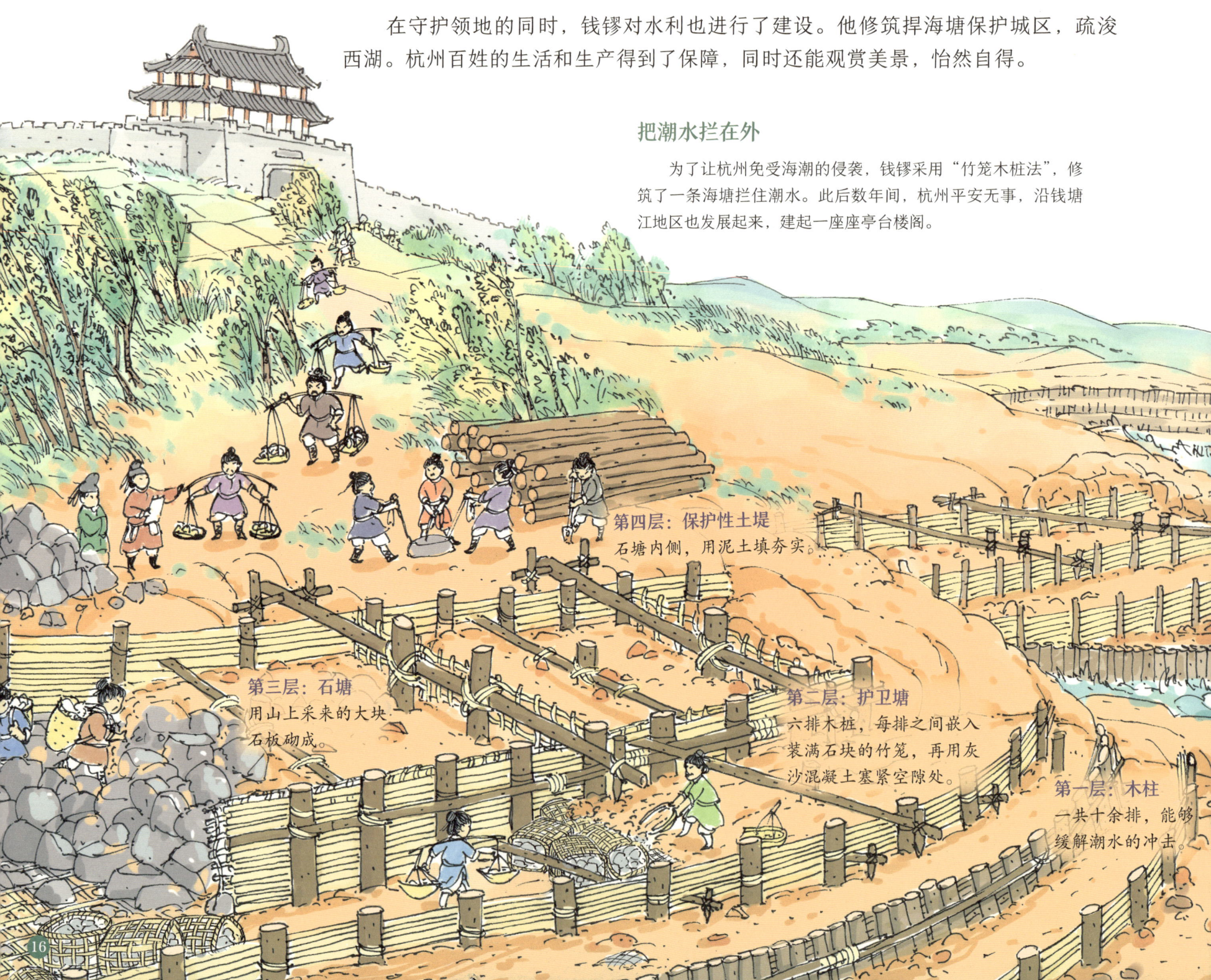

第四层：保护性土堤
石塘内侧，用泥土填夯实。

第三层：石塘
用山上采来的大块石板砌成。

第二层：护卫塘
六排木桩，每排之间嵌入装满石块的竹笼，再用灰沙混凝土塞紧空隙处。

第一层：木柱
一共十余排，能够缓解潮水的冲击。

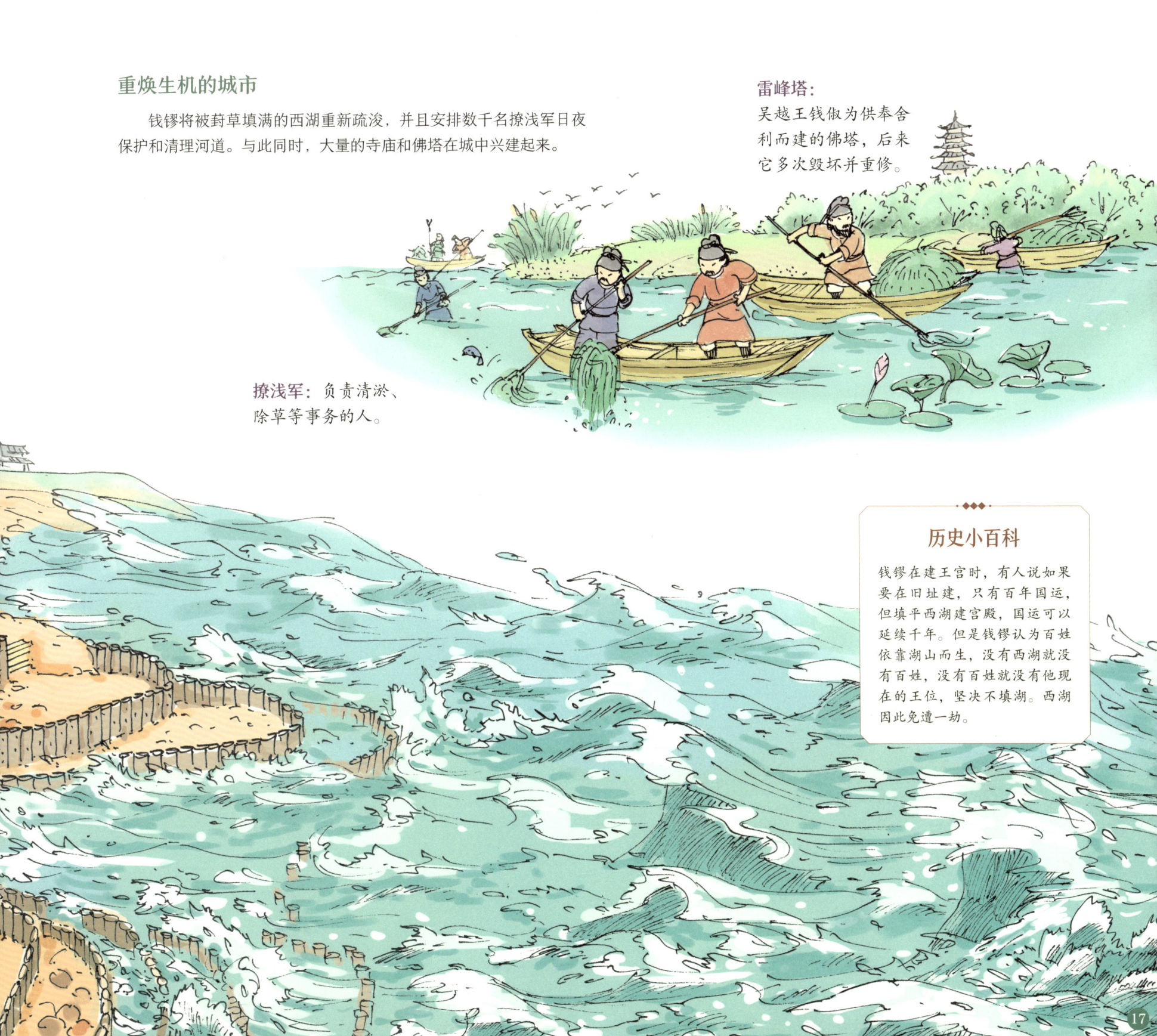

重焕生机的城市

钱镠将被葑草填满的西湖重新疏浚，并且安排数千名撩浅军日夜保护和清理河道。与此同时，大量的寺庙和佛塔在城中兴建起来。

雷峰塔： 吴越王钱俶为供奉舍利而建的佛塔，后来它多次毁坏并重修。

撩浅军： 负责清淤、除草等事务的人。

历史小百科

钱镠在建王宫时，有人说如果要在旧址建，只有百年国运，但填平西湖建宫殿，国运可以延续千年。但是钱镠认为百姓依靠湖山而生，没有西湖就没有百姓，没有百姓就没有他现在的王位，坚决不填湖。西湖因此免遭一劫。

富甲一方的江南之地

农田水利的治理，使得杭州能够充分发挥得天独厚的地域优势，发展农桑和海外贸易。五代十国时期，杭州城成为浙江的中心城市。

大家一起来养蚕

吴越时期，北方几乎所有的丝织用品都需要从外地买。因此，钱镠抓住商机，将种桑养蚕列为国策，劝导百姓从事农桑。当时的杭州桑树遍地，养蚕盛行，西府成为东南的富庶之地。

历史小百科

吴越时期丝织业技艺精湛，丝织品成为进贡中原王朝的贡品，也正是这一时期，南方丝织业最终超过北方，成为全国桑蚕丝织中心。

当时的官营丝织作坊，有300多名熟练织锦工。

把市场做到海外

由于国内市场因为战争而缩减,为了扩大销量,吴越积极与海外的国家开展商业贸易。当时,杭州的港口到处停泊着朝鲜、日本、印度等国的贸易船只,海外贸易收入非常可观。

吴越生产的绫绢锦缎、越窑青瓷成为各地争相购买的佳品。

朝鲜的药材、契丹的马匹、大食国(阿拉伯帝国)的猛火油(石油)也通过杭州港口进入中国。

960年,赵匡胤建立北宋,逐步统一全国。978年吴越国王钱俶降宋,主动把自己的领地十三州、一军、八十六县献给北宋。这一决策让杭州的繁华得以继续。

南宋
临安

北宋年间,杭州已经发展成为"东南第一州"。

北宋末年金兵南下,宋室南渡长江,建立南宋,在杭州地区定都,名为临安府。从此,临安踏上了古都的行列,迎来了历史上最繁华、最耀眼的时刻,开启长达 130 多年的辉煌历史。

望海潮·东南形胜（节选）
[宋] 柳永

东南形胜，三吴都会，钱塘自古繁华。烟柳画桥，风帘翠幕，参差十万人家。云树绕堤沙，怒涛卷霜雪，天堑无涯。市列珠玑，户盈罗绮，竞豪奢。

这是柳永寓居杭州时所作的词。北宋杭州风景优美，商业繁华，百姓富足。据说150年以后，北方金国的皇帝完颜亮读到这首词，萌生出了南下攻打宋朝的念头。

临时安定的临安

宋高宗赵构在仓皇逃难中，看中了繁华的杭州，于是将杭州升级成为临安府，作为暂时的安定之所，临安的故事就这样开始了。

把州治当成皇宫

由于时间仓促，立足未稳等，宋高宗就把宫殿选在了当时的州治，这里亦是吴越旧宫。就这样，一个临时就用的皇城建立起来了。

赵构：即宋高宗，是宋徽宗的第九子，建立南宋。

历史小百科

临安可以看作"临时安定的都城。"南宋始终把北宋汴京认为是真正的都城，因此临安只能算是"行在所"，也就是天子现在所在的地方。不过终南宋一朝，杭州都扮演着都城的角色。

皇宫里的"多功能厅"

经建设，临安皇城初具规模，但需灵活运用。原本最重要的"金銮殿"大庆殿也一殿多用，状元殿试时叫集英殿，皇帝开生日派对时就改名紫宸殿，祭拜祖先就变成明堂殿……威严的大殿成为一个"多功能厅"，功能发挥到极致。

大庆殿： 临安皇宫的正殿。

历史小百科

宋高宗时，临安皇城仅有汴京皇城的四分之一大小，所以殿阁大都多名多用。直到1164年，宋金再次和议后，临安皇城方日趋完备。

治理有方的城市

南宋建立以后，大批北方人逃到南方，原本狭小的杭州城更是地少人多，就业困难。为此，宋高宗鼓励大家经商做买卖，同时在临安城内建立许多机构，保障百姓的正常生活。

朝廷调控"房价"

大批人口迁入导致临安出现了住房危机，因此，朝廷经营了不少公租房，通过减免房租和补贴租金的方式，调控临安城的房价。

税务官：征收商品税务的官员。

楼店务：专门管理房地产税务的机构。

养济院：南宋收养流民、乞丐的官方救助机构。

福利健全的城市

临安城里无论是看病抓药、老人养老，还是小孩读书，都有相应的福利机构进行帮扶，城市化水平空前发达。

历史小趣闻

南宋的救助并不只针对于老弱病残，而是照顾到社会各个阶层，在饥荒年间，官府会向居民平价或者减价出售粮食。遇上火灾时，官府会免征竹木材料费，吸引商人运送木材来临安，降低物价帮助灾民修复房舍。

施药局：公益医院，提供免费医疗服务。

川流不息的临安水路

临安是一个"水城",临安水路运输十分发达,城内的河道连接着商户居民,城外港口连接着世界各地,水路也是临安的致富之路。

海上丝绸之路

由于北方被金国控制,贸易被切断,南宋便重新恢复海上丝绸之路,比起吴越,南宋海外贸易往来的规模要庞大数倍。

邸店:可以租借的水上仓库,防火又防盗。

市舶司:专门管理海外贸易的机构。

历史小百科

南宋时期,海外贸易的繁荣还带动了造船业的发展。南宋时期,造船技术大幅提升,船只体积大、负载多,还拥有精准的指南针定位,成为当时世界上最先进的航船之一。

四通八达的水上交通

临安城区被密密麻麻的河道打散，因此，临安城的运输出行大都依靠船只。定时定点在城内穿行的船只，就是临安人的水上交通工具。

苏湖的大米从北门运送过来。

闲人：古代导游，负责陪玩、探路等。

临安每天要从城西运来大量的薪柴。

城东的商贩运进新鲜的蔬菜。

小贩每日用船给居民送水。

历史小趣闻

临安的旅游业十分发达，出现了世界上最早的专门从事翻译、导游的专业队伍，帮外地人安排交通路线以及餐饮住宿。同时，还出现了最早的导游图——《地经》。

灯火通明的夜市

暮色四合，华灯初上，城北众安桥一带的夜市开始了，数不清的勾栏瓦肆、百货小摊，在即使没有电灯的古代，烛光灯火依旧把这里照得如白昼一般，这就是临安人的娱乐天堂。

热闹非凡的娱乐场所

勾栏瓦肆是宋朝的"巨型娱乐商场"，说书、唱戏从不间断，吃喝玩乐样样俱全。

油壁车：南宋的出租车，可坐六至十人不等。

历史小百科

到南宋末年时，临安有超过百万的居民，是当时世界上最大的商业城市。这时期的"地摊经济"非常发达，大家不用像唐朝一样只能白天在东西市交易，而是随时随地都可以摆摊做生意。

彩楼欢门：酒楼前用于吸引客人的装饰门楼。

市民们聚集在勾栏听说书表演。

优哉游哉的临安人

南宋时，临安百姓有的十分富足，因此他们非常重视游玩享乐，西湖边、看潮点，临安人修建了大量公园和亭台楼阁，用于赏乐游玩。

和皇帝一起看龙舟比赛

每逢端午节前后，西湖上到处都是正在训练的龙舟，大多数时候，皇帝都会带领大臣们一起参与这场盛会。

历史小百科

西湖竞渡是唐朝流传下来的风俗，一次在农历二月初八到四月初八之间，一次在端午。因此西湖上自二月初八开始，每日都有练习赛船的人。

全民出动的水上运动会

农历八月十八前后,临安百姓纷纷赶到江边观潮。沿钱塘江两岸几十里,五颜六色的看台和各式各样的店铺绵延不绝,这是属于临安的独特盛会。

候潮门:位于钱塘江畔,可以看到早晚两次潮水。

弄潮:在潮头搏浪嬉戏的一种水上竞技活动。

弄潮儿:搏击潮水的水手

历史小百科

当年金兵因为江南水多,没有攻下南宋。因此,南宋十分重视水军发展,宋孝宗每年都会在钱塘江举行水战演习,以及民间的水上运动会。

繁华锦簇下的衰败

"暖风熏得游人醉,直把杭州作汴州。"临安一时繁华的景象和舒适的生活,让南宋官员们觉得这里一点儿也不比北宋都城差,他们逐渐失去了斗志,不再想要收复北方。

政治腐败带来的国力积弱

南宋初年,抗金名将岳飞被奸臣秦桧等人诬陷杀害。朝廷中主和派占据了上风。于是,在此之后的一百多年间,武将得不到重视,军队也逐渐散漫起来,变得不堪一击。

主战派: 主张驱除金国,收复河山。

主和派: 主张议和,向金国称臣,年年进贡。

历史小百科

南宋初年,岳飞率领岳家军北伐收复中原。然而宋高宗一心只想求和,让原本打了胜仗的岳飞退回,之后更是以莫须有的罪名赐死了岳飞。

铁骑踏破临安城

　　1234年，蒙古灭掉金朝成为南宋北方最大的威胁。1276年，元朝大军攻占了临安，皇帝被掳走，只有陆秀夫等少数官员逃到广东，重新拥立了皇帝，成立了小朝廷。然而元朝大军穷追不舍。1279年，陆秀夫背着年幼的皇帝投海自尽，南宋彻底灭亡。

崖山：位于广东新会南，崖山海战后，南宋正式灭亡。

> **历史小百科**
>
> 南宋末年，临安被攻陷以后，文天祥、张世杰、陆秀夫等人始终没有投降，而是重新拥立皇帝，艰难维持了三年。著名的爱国将士文天祥就是在被元军俘虏后，写下"人生自古谁无死，留取丹心照汗青"这一千古名句。

　　南宋灭亡以后，元朝下令将全国城市的城墙都拆毁，杭州城墙也在这时被毁坏。西湖淤塞，原本繁华富庶的城市元气大伤，杭州的都城史同时也落下了帷幕。

明清
杭州

元末时期,农民起义四起,杭州遭受战乱摧残,成为一片废墟,人烟稀少,不少地方甚至荒草过膝、野兔成群。加上明初倭寇的骚扰,发展迟迟得不到恢复。直到明朝中期,杭州才重新焕发活力。

戏作杭州歌二首（其一）

[明]张以宁

吴姬鲛冠望若空，泪妆眼角晕娇红。
染得罗裙好颜色，西湖新柳绿春风。

宋朝以后，杭州不再是全国的政治中心，却仍然是一个繁华胜地。明清时期，西湖也经过不断疏浚，成为无数文人墨客前来欣赏、歌咏的对象。

商业发达的东南城市

明朝定都南京以后，将杭州改为府，作为浙江的省会。同时，朝廷采取减免税收、休养生息的国策。杭州得以逐渐复苏。

边做生意边喝茶

明朝杭州城里有近一半以上的居民从事经商活动，商人往来频繁，坐在茶室洽谈生意是城里常见的事。

西湖龙井茶：杭州地区的特色名茶。

历史小百科

杭州自古就是著名的产茶区。如今的"西湖龙井"指的就是产于西湖附近群山上的茶叶，它在明朝被正式列为中国名茶。

打造杭州的"明星品牌"

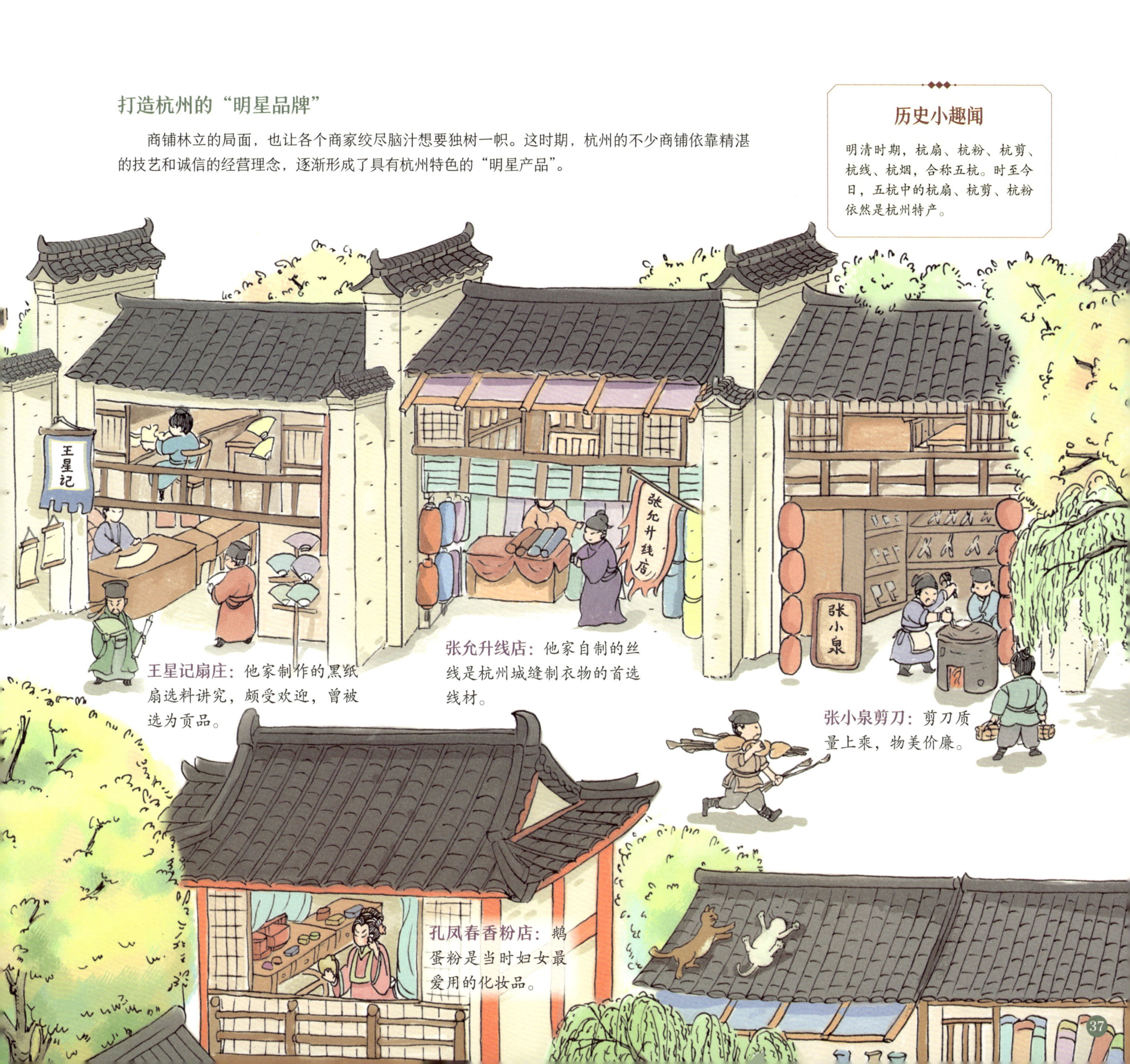

商铺林立的局面，也让各个商家绞尽脑汁想要独树一帜。这时期，杭州的不少商铺依靠精湛的技艺和诚信的经营理念，逐渐形成了具有杭州特色的"明星产品"。

> **历史小趣闻**
>
> 明清时期，杭扇、杭粉、杭剪、杭线、杭烟，合称五杭。时至今日，五杭中的杭扇、杭剪、杭粉依然是杭州特产。

王星记扇庄：他家制作的黑纸扇选料讲究，颇受欢迎，曾被选为贡品。

张允升线店：他家自制的丝线是杭州城缝制衣物的首选线材。

张小泉剪刀：剪刀质量上乘，物美价廉。

孔凤春香粉店：鹅蛋粉是当时妇女最爱用的化妆品。

重焕生机的西湖

无人治理的西湖，被富豪的农田和淤泥填满。明朝知府杨孟瑛重新疏浚西湖，修建了不少亭台楼阁，西湖终于恢复了游人如织的热闹景象。如今，杭州西湖上的"杨公堤"成了纪念他的标志。

在西湖的小船上讲讲课

西湖上还曾经流行着水上课堂，明朝巡盐御史叶永盛常常带着学生们坐着小船在荷花深处、柳荫树下写写文章，在湖光山色中点评授课，别有一番诗情画意。

历史小趣闻

叶永盛发现在杭州的外省学生没地方读书，就奏请朝廷帮他们争取到同等的读书权利。由于江南水乡路途遥远，盐商子弟们大多乘船上课，叶永盛就用小船作为游动的书斋来授课。

长达三个月的集市

每年春暖花开时节，来自周边乡镇的居民就会坐船前往杭州，参加一年一度的西湖香市。这时，西湖岸边绵延数里，只要有空的地方就都搭上摊铺做买卖，足足热闹三个月才结束。

西湖香市：不仅白天热闹，晚上也极为繁盛，夜间灯火通明，游人如织。船家还发明了夜航船，便于夜间出行。

周边城镇的男女成群结队来杭州赶集，有的直接以船为家。

闻名全国的旅游城市

明清时期，杭州逐渐成为江南的经济中心之一，从唐宋就名扬天下的秀美景色，更是让杭州建构了以旅游消费为特色的经济结构，杭州成为一个著名的旅游城市。

争相"打卡"的热门城市

全国各地的文人士大夫前来杭州游玩访学。西湖上每天有数百艘画舫，头尾相接，犹如水中浮桥。

官船：官府的船只。

不系园：凉台、餐室、卧室俱全的观光画舫。

贩卖酒水和小吃的小船。

历史小趣闻

为了方便游玩，明清时期杭州出现了许多便携的导游书，如《西湖游览志》《湖山便览》。

皇帝也来当"代言人"

清朝的康熙、乾隆两位皇帝多次南巡到杭州,西湖的孤山上有特意为他们修建的行宫。

孤山:西湖中最大的岛屿,上面建有孤山行宫。

正在进行表演的艺人。

杭州虽然不再拥有南宋时的政治地位,但作为"东南财赋地,江浙人文薮"的江浙名城,杭州依然是富甲天下、人才辈出。

现代
杭州

西湖岸边，钱塘江畔的这座城市就像一个精致宁静、温文尔雅的江南青年，被新时代注入了无穷的活力，焕发着蓬勃的朝气。

43

运河上的杭州

大运河是杭州"城之命脉",孕育了富庶的钱塘河畔,造就了一代繁华之都。拱宸桥位于杭州市内的大关桥之北,东西横跨大运河,是京杭大运河到杭州的终点标志,也是杭州古桥中最古老的石拱桥。

1 公元前486年,吴王想要北上攻打齐国,称霸中原,下令挖凿邗沟。这是有史记载的最早的运河河段,被认为是大运河的开端。

2 隋朝时期,为了沟通南北经济、加强对南方的管理,隋炀帝对运河进行大幅扩修,形成了以洛阳为中心,以杭州和北京为南北终点的运河。

3 元朝时期,忽必烈决定对运河裁弯取直,放弃了途经洛阳的运河,直接将运河从杭州连接到北京积水潭。至此,漕船可以从杭州直达北京,现今意义上的京杭大运河诞生。

4 明清时期,中国古代运河发展到巅峰。漕运成为明清时期国家的经济命脉,运河上的杭州成为繁庶的"东南四都"之一。

拱宸桥

拱券
当一个拱券承受载荷时，就会牵动两边桥墩产生变形，从而把力和变形传到相邻拱。各拱之间相互的推力可以平衡，以增强桥的稳固性。

桥面
桥上载重较北方桥为轻，桥面以坡道上下，成为驼峰式桥梁。

桥墩
杭州拱墅区土质松软，因此构造了这种轻薄桥墩。

防撞墩
为避免船撞，桥的上下游四角分别设置有防撞墩。每个防撞墩上均雕有避水神兽，名为蚣蝮。

拱宸桥西码头
杭州城北的首个水陆码头。

游古诗词里的杭州

溪山处处皆可庐，最爱灵隐飞来孤。——[北宋]苏轼

灵隐寺是约1700年前，由古印度慧理和尚主持修建的。他在东晋时期来到中国，路经杭州时看到这里山峰造型独特，像是仙灵隐居之地，于是建寺"灵隐寺"。传说寺旁的山峰像是从天竺国飞过来的"灵鹫山"，因此取名"飞来峰"。

灵隐寺

三潭印月

现行第五套人民币一元纸币的背面就采用了三潭印月的景色。

黄昏若看一潭月，不出林逋两句诗。——[南宋]王镃

三潭相传是苏东坡在疏浚西湖后，为了测量湖水深度而修建的石塔。现在石塔为明朝所建。月明之夜，在塔中点上灯，灯光印在湖面上，真月和假月印在湖面，真假难分，因此叫作三潭印月。

满觉陇

桂花蒸过花信动，桂花开遍满觉垅。——[清]丁立诚

满觉陇因吴越时期建的，北宋时名为"满觉院"的佛寺而得名。从明朝开始，这里就是杭州桂花最盛的地方。每年秋天，桂花香满整座山，人在树下行走，桂花像雨一样落下来，因此有"满陇桂雨"的美誉。

断桥荒藓涩，空院落花深。——［唐］张祜

断桥位于西湖之上，据说早在唐朝就已经建成。冬日雪后，桥的一面冰雪消融，但另一面仍有残雪似银，这就是断桥残雪景观。中国民间爱情传说《白蛇传》的故事即发生于此。传说白娘子与许仙曾在断桥相会。

断桥

苏堤春晓

潋滟湖光绿正肥，苏堤十里柳丝垂。

——［宋末元初］汪元量

苏轼疏浚西湖的时候，将挖出的淤泥在湖中心堆砌出了一条长堤。后来杭州市民为纪念他，就将堤坝取名为苏堤，也叫苏公堤。

> 苏堤上有六座桥，中间遍植柳树、碧桃，是一条全年都景色优美的长堤。

卷地风来忽吹散，望湖楼下水如天。——［北宋］苏轼

望湖楼位于西湖附近，原本又叫看经楼，因为苏轼一首《六月二十七日望湖楼醉书》闻名天下，成为中国十大名楼之一。

望湖楼

> 望湖楼是欣赏西湖的绝妙之地。

曲院风荷

菰蒲无边水茫茫，荷花夜开风露香。——［北宋］苏轼

曲院原是宫廷酒坊，当时河面上种植着荷花。夏日清风徐来，荷香与酒香融合在一起，让游人不饮亦醉。

创作团队

段张取艺文化工作室，成立于2011年，扎根童书领域多年，致力于用极致的专业能力和丰富的想象力打造精品图书。出版了300余本儿童读物，主要作品有《皇帝的一天》《逗逗镇的成语故事》《拼音真好玩》《给男孩的情绪管理绘本》《文言文太容易啦》《西游漫游记》等，版权输出至俄罗斯、韩国、尼泊尔等国家和地区。

出 品 人：段颖婷
创意策划：张卓明　段颖婷
项目统筹：陈依雪
文字编创：张卓明　王黎
插图绘制：韦秀燕　李丹　李勇志　黄雅倩　周迎新

参考书目

《南宋的杭州》，傅伯星著，浙江少年儿童出版社

《南宋故都杭州》，林正秋，金敏编著，中州书画社

《南宋都城钩沉》，裘本培编著，浙江大学出版社

《杭州史话》，沈金华，辛薇主编，社会科学文献出版社

《杭州历史丛编：元明清名城杭州》，《杭州历史丛编》编辑委员会编，浙江人民出版社

《细说南宋京城与西湖》，傅新民编著，浙江大学出版社

《人文荟萃话杭州》，宋宪章著，杭州市档案局编，东方出版中心

《生活在两宋》，乔娟著，中国铁道出版社

《中国古代军戎服饰》，刘永华著，清华大学出版社

《中国古代车舆马具》，刘永华著，清华大学出版社

《中国历代服饰集萃》，刘永华著，清华大学出版社

《中国服饰通史》，刘永华著，江苏少年儿童出版社

《中国民俗史！宋辽金元卷》，钟敬文主编，游彪等著，人民出版社

《中国古代文化常识》，王力主编，北京联合出版公司

《中国古代建筑历史图说》，侯幼彬、李婉贞编，中国建筑工业出版社

《画说中国历代甲胄》，陈大威编著绘，化学工业出版社

《古建筑日读》，王其钧著，中华书局

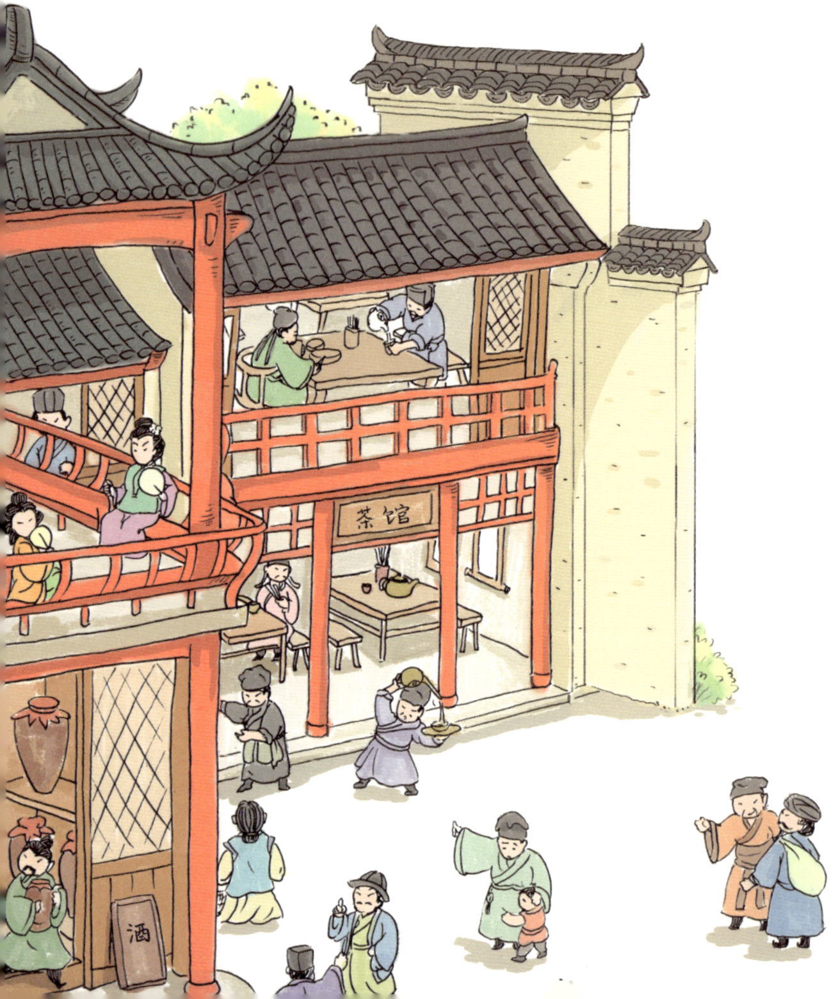
茶馆
酒